AAAAAAAAAAAAAAAAAAAAAAAAAA

BBBBBBBBBBBBBBBCCCCCCCCCCCC

DDDDDDDDDDDDDDDEEEEEEEEEEEEEEEE

EEEEEEEEEEEEEEEEEEEEEEEEEEEEFFFFFFFFFFF

GGGGGGGGGGGGGGGGHHHHHHHHHHHHHHH

IIIIIIIIIIIIIIIIIIIIIIIIIJJJJJJJJJJJKKKKKKKKKKKLLL

LLLLLLLLLLLLLLLLLMMMMMMMMMMMMMMMMMM

NNNNNNNNNNNNNNNNNNNNNOOOOOOOOOOOO

OOOOOOOOOOOOOOOOOOOOOOOOOOOOO

PPPPPPPPPPPPPPPPPPPPPQQQQQQRRRRRRRRRRRR

RRRRRRRRRRRRRRSSSSSSSSSSSSSSSSSSSSSSSSSSSSS

SSTTTTTTTTTTTTTTTTTTTTTTTTTTUUUUUU

UUUUUUUUUUUVVVVVVVVVVVVVVVWWWWWWW

VWWXXXXXXXYYYYYYYYYYYYYZZZZZ&&&

&$$$$$$¢¢¢¢¢¢%%%%1111111111122222222333

33333444444445555555556666666677

777778888888889999999990OOOOOOO

OOO.........,,,,,,,,,:::;'''''""""""""-----!!!!!!!!!!????(())

24 point Busorama Bold   1

AAAAAAAAAAAAAAAABBBB

BBBCCCCCCCCCCCCCCDDD

DDDEEEEEEEEEEEEEEE

EEEEEEEEEEFFFFFFGGG

GGHHHHHHHHHHHIIIIIIIIJJJ

JJJKKKKKKKKLLLLLLLLLMM

MMMMMMMMMMNNNNNNNN

NNNNOOOOOOOOOOOOOO

OOOPPPPPPPPQQQQRRR

RRRRRRRRRSSSSSSSSSSSS

TTTTTTTTTTTTTTTTTTUUUUUUUU

UVVVVVVVVVVVWWWWWWW

WWXXXXXYYYYYYYZZZZ

G&&&11111111122222223

33334444444455555556

66666777777788888889

99999OOOOOOOOOOOO

$$$$¢¢¢¢¢%%%%////-----

--........,,,,,,:::::;;;; '''''" " " "

'''""!!!!!!!????((((()))).....

AAAAAAAAAAAAAABBBBBBBCCC

CCCDDDDDDDDDDEEEEEEEEEEE

EEEEEEEEEFFFFFFFFGGGGGGGHH

HHHHHIIIIIIIIIJJJJKKKKKLLLLLLL

LMMMMMMMMMNNNNNNNNNNNOC

OOOOOOOOOOOOPPPPPQQQ

RRRRRRRRRSSSSSSSSSSSTTTTTT

TTTUUUUUUUUUVVVVVVWWWW

XXXXYYYYYYZZZ&&&&$$$$$$¢

¢¢¢¢¢%%%%1111111112222223

33334444445555556666667

77778888889999900000

OOOOO!!!!!!!!!?????-----((()))

.................,,,,,,,:::::::;;;
''''''''''''"""""""""

36 point Busorama Bold

AAAAAAAAAAABBBBBBCCCCCCCCCDD

DDDDDEEEEEEEEEEEEEEEEEEEEEEEFFFFF

FGGGGGGHHHHHHHHHIIIIIIIIIIIIJJJJJJ

KKKKKKLLLLLLLLLLLLMMMMMMMMM

MNNNNNNNNNNOOOOOOOOOOOOPPPP!

PPPPQQQQRRRRRRRRRRSSSSSSSSS?

TTTTTTTTTTTUUUUUUUUUVVVVVVVVW

WWWWXXXXXXYYYYYYYYZZZZ&&&&&&!!

aaaaaaaaaaaabbbbbbcccccccdddddd

deeeeeeeeeeeeeeeeeeeffffffffgggggghh

hhhhhhiiiiiiiiiiiiijjjjjkkkkkkllllllllllmm!!

mmmmmmmmmmmmmnnnnnnooooooooooooppp

ppqqqqrrrrrrrrrrrsssssssssssttttttttttt

tuuuuuuuuuvvvvvvvvwwwwwwwwwxxxxxyyy!

yyyzzzz$$$$ccccc%%%%1111111222

2223333344444455555566666777

778888889999990000000'''''''""""""

.........,,,,,,,,:::::;;(())-------!!!!!!????

AAAAAAABBBBBCCCCD

DDDEEEEEEEEEEEFF

FGGGHHHHHHIIIIIIJJ.

KKKLLLLLLMMMMMN

NNNNOOOOOOOPPPP

QQRRRRRRSSSSSTT

TTTUUUUUUVVVWWW

XXXYYYZZ&&$$$¢¢1

%11122233344455

6667778888999900000

48 point Futura Black

aaaaaaaaabbbbccc

ccdddddeeeeeeeee

eefffffggggghhhhhi

iiiiiiiijjjjkkkklllllll

mmmmmnnnnnnnooo

oooooopppqqrrrrrr

sssssttttttuuuuvvv

vvvwwwxxyyyyzz

.....,,,,,,::::;;----(())

’’’’’ ‘‘ ‘‘ ’’ ’’ !!!!!!???%

AAAAAAABBBCCCCDDDD!

EEEEEEEEEEFFFGGGHHH

HIIIIIIIIJJJKKKLLLLLLMM?

MMNNNNNOOOOOOOOPPPQ

QRRRRRRSSSSSSSTTTTTUUU

UUVVVVVWWWWXXXYYYZZ&&

aaaaaaabbbccccddddeee

eeeeeeeeffffggggghhhhhiiiii

jjjkkklllllmmmmmmmmnnnn!

ooooooopppqqqrrrrrrrsssss!

stttttuuuuvvvvwwwwxxxyyzz

$$¢¢%%11112222333444 5

55667778888999900000(())?

•••••••••,,,,,::::::;;;;;--- "" "" "" "" "" ,, ,, ,, ,,

AAAAAAAAAAABBBBBCCCCCCC

DDDDDEEEEEEEEEEEEEEEEEFF

FFFGGGGGGHHHHHHHIIIIIIIII

JJJJKKKKKLLLLLLLLMMMMMM

NNNNNNNNNNOOOOOOOOOOO

OPPPPPPPPQQRRRRRRRRRR

SSSSSSSSSSSTTTTTTTTTTUUUUU

VVVVVWWWWXXXYYYYYYZZZ&&&

aaaaaaaaaaaaabbbbbcccccccddd

ddddeeeeeeeeeeeeeeeeeeefffffff

ggggggghhhhhhhiiiiiiiiiiiijjj

jjkkkkkllllllllmmmmmmmmm

nnnnnnnnnnoooooooooooopp

pppqqqrrrrrrrrrrssssssssssssttttt

tttttuuuuuuuvvvvvwwwwxxxyyy

yyzzz$$$$¢¢¢¢%%1111111122223333

44455566677778888999900000

00.......,,,,,:::;jj---!!!!!??""""""(())

AAAAABBBCCC!

DDDEEEEEEEEEFF

FGGGHHHHIIIIIJ

JKKLLLLLMMMNN

NNNOOOOOOOPPP

QQRRRRRSSSSSST

TTTUUUVVVWW&

WXXYYYZZ&1111

2223334444555566

67778889999000

a a a a a a b b b c c c c d

d d d e e e e e e e e e f

f f f g g g g h h h h i)

i i i i i j j j k k k l l l l l ( )

m m m m m m n n n n n (

o o o o o o o p p p q q

r r r r r r s s s s s s t t t t t

u u u v v v w w w x x

y y y z z $ $ ¢ ¢ % % “ ” ’ ’

. . . . . . , , , , : : ; ; - - - ! ! ? ?

48 point Koloss

AAAAABBBCCCCDDD

EEEEEEEFFFGGGHHI

IIIIJJKKLLLLMMMNN

NNOOOOOOPPPQQRRR

RSSSSTTTTTUUUVVVWW

WXXYYYYZZ&&aaaaab%

bbccccddddeeeeeeeee

ffggghhhiiiiiijjjkkll

llmmmmmnnnnooooo

ppppqqrrrrrsssssttttu

uvvvwwwwwxxyyyyzz$$¢¢

111122223333444555666 7

778889990000O "" "" "" ", ",

.......,,,,,,:::jj---!!!??(())%

AAAAAAAAAAAABBBBBCCCC

CDDDDDDDDEEEEEEEEEEEEEFF

FFGGGGGHHHHHIIIIIIIJJJJKK

KKLLLLLLLMMMMMMMMNNNNNN,

NOOOOOOOOOOPPPPPPQRRRR,

RRRRSSSSSSSSSTTTTTTTTUUUU.

UUVVVVVVVVWWWWWXXXYYYYY.

ZZZ&&&aaaaaaaaaaabbbbbcccc,

ccccdddddddeeeeeeeeeeeeeeff

ffffgggggghhhhhhhhiiiiiiiiiiijjjjj

kkkkkklllllllmmmmmmmmmnnnn

nnnooooooooooooppppppqqqqrrrr

rrrrrrssssssssssssttttttttttttuuuuuu

uvvvvvvvvwwwwwwxxxxyyyyyyzzzz

111111111222222223333334444445 5

55556666666777777788888 8 9999

9900000000000$$$¢¢¢%%%•••..•

:::;;;----!!!!!???????'''''''''"""(((())))

AAAAAAABBBCC

CCDDDDDEEEEE.

EEEFFFGGGHHH

HIIIIIIJJJKKKLL

LLLMMMMMNNN

NOOOOOPPPQQR

RRRRSSSSSTTTT

UUUUVVVVVWWWX

XYYYYZZ&&.,,,,;;

.---!!!!!??????,,,,,,""""""

14   **48 point Broadway Engraved**

aaaaaabbbccccd

dddeeeeeeeeeff

ffggghhhhiiiiiijjj

kkklllllmmmmnnn

nnoooooopppqqr

rrrrssssstttttuu

uuvvvwwwxxyy

yzz111122233344

4455566677788

8999000$$¢%()

AAAAAABBBCCCCDDDE
EEEEEEFFFGGGHHHI
IIIIJJKKLLLLMMMNN
NNOOOOOOPPPQQRRRR
SSSTTTUUUUVVVWW
WXXXYYYZZ&&aaaaab
bbcccdddeeeeeeeefff
ggghhhhiiiiijjkkllllllmm
mnnnnnoooooopppqqrrrr
sssstttttuuuuvvvwwwwx
xyyyyzz$$¢¢%%111122
2334445556667778
889990000000......,,,,,
::::;;----!!!??????''''''''(())

AAAAAAAAAAABBBBBCCCCCCCD

DDDDDDEEEEEEEEEEEEEEEFFFFF

GGGGGGHHHHHHHIIIIIIIIJJJJJKKK

KKLLLLLLLLLMMMMMMMMNNNNNNN

NNOOOOOOOOOOOPPPPPPQQQRRRR

RRRRRSSSSSSSSSSTTTTTTTTTUUUU

UUUVVVVVVVWWWWWXXXYYYYYY

ZZZ&&&aaaaaaaaaaaabbbbbbcccc

ccccddddddddeeeeeeeeeeeeeeeff

fffffgggggghhhhhhhhiiiiiiiiiiijjjjjj

kkkkkkllllllllmmmmmmmmmmnnnn

nnnnooooooooooooppppppqqqqrrrr

rrrrrrsssssssssssttttttttttttuuuuuuuuu

vvvvvvvwwwwwwwxxxxxyyyyyyyzzzz

111111111222222223333334444444555

55566666667777777888888999990

OOOOOOO$$$$¢¢¢¢%%%............,,,

,.:::::''''''''''''''''''''''''!!!!????---—(((())))

AAAAAAABBBCC

CDDDDEEEEEEEEEE

FFFGGGHHHHIIIIIII

JJJKKKLLLLLMM!!!

MMNNNNNNNNOOOO

OOPPPPPQQRRRRR

SSSSSSSTTTTTTTU:

UUUVVVVVWWWXX

YYYZZ&&..........,,,,::

::::'''''''''''''''''!!??----

aaaaaabbbcccd

ddeeeeeeeeeeffff

gghhhhhiiiiiijjjkk

klllmmmmmmnnnn

nnoooooooopppqqrr

rrrrssssssssttttttttu:

uuuvvvvvwwwxxy

yyzz11112223334

445556667777888

9990000O$$$¢¢%%()

AAAAAABBBCCCDDD
EEEEEEEEEEFFFGGGHH
HIIIIIIJJJKKKLLLLMMM
NNNNNNOOOOOOPPPQ
QRRRRRSSSSSTTTTTUU
UUVVVVWWWWXXYYYZZ
&&aaaaaabbbccccddd
eeeeeeeefffffggghhhhi
iiiijjjkkklllmmmmmnnn
nnnooooooppppqqrrrr
ssssstttttttuuuuuvvww
wxxyyyzz11112223334
4455566677788899900
OO$$¢¢%.....,,::;;''...??!!??

AAAAAAAAAAAAAAAAAAAAAAAAAAA

BBBBBBBBBBBCCCCCCCCCCCCCCCC

DDDDDDDDDDDDDDDDEEEEEEEEEEEEEEE

EEEEEEEEEEEEEEEEEEEEEFFFFFFFFFFFFFGGGGG

GGGGGGGGGGHHHHHHHHHHHHHHHHHHIIIIIII

IIIIIIIIIIIIIIIIIIJJJJJJJJJJKKKKKKKKKKLLLLL

LLLLLLLLLLLLMMMMMMMMMMMMMMNNNNNNNN

NNNNNNNNNNNNNNNNNNOOOOOOOOOOOO

OOOOOOOOOOOOOOOOOPPPPPPPPPPQ

QQQQRRRRRRRRRRRRRRRRRRRRRRRRR

SSSSSSSSSSSSSSSSSSSSSSSSTTTTTTTTT

TTTTTTTTTTTTTTTTUUUUUUUUUUUUVVVV

VVVVVWWWWWWWWWWWWXXXXXYYYY

YYYYYYYYZZZZZZ&&&&&IIIIIIIIIIIIII2222222

2233333333344444444455555555556666

6677777777788888888899999999900000

OOOOOOO$$$$$$$$$$¢¢¢¢¢¢¢¢¢!!!!!!!!!!!!!!!!!????

..............------- ,,,,,,,,,,,,,,""""""""""""
....................,,,,,,,,,,,,,,,,,,,,,,,,,,,,,,,,,,,

AAAAAAAAAAAAAA

BBBBBBBCCCCCCCCC

DDDDDDDDDDDEEEEE

EEEEEEEEEEEEEEEFFFFF

FGGGGGGGGGGHHHHH

HHHHHHIIIIIIIIIIIIIIIIJJJJ

KKKKLLLLLLLLLLLLLLMMM

MMMMNNNNNNNNNNNO

OOOOOOOOOOOOOP

PPPPPPQQQQRRRRRR

48 point Grock

RRRRRSSSSSSSSSSSSSTT
TTTTTTTTTTTUUUUUUUUU!!
VVVVVVVVWWWWWWWXX
XYYYYYYYZZZ&&&&IIII
IIIII2222222222333333334
44444455555555556666!!
6677777777788888889
99999900000000000000
$$$$$$$$CCCCCCC!!!!!!!!!!?????
......'''''----- "" "" "" "" "" ""
.........,,,,,,,,,,,,,,

AAAAAAAAAAABBBBBBCC

CCCCCCCCDDDDDDDDDDEEEEEEEE

EEEEEEEEEEEEEFFFFFFFGGGGGGGGHH

HHHHHHIIIIIIIIIIIIIIIIIIIIIJJJJJKKKKKLL

LLLLLLLMMMMMMMMMMNNNNNNN

OOOOOOOOOOOOOOPPPPPQ

QQRRRRRRRRRRRRRSSSSSSSSS

SSSTTTTTTTTTTTTTTUUUUUUUUV

VVVWWWWWWWXXXXYYYYYYZZZ

&&&&IIIIIIIIIII22222222233333333

44444455555555666666667777

77788888888999999990000000

0000$$$$$$$¢¢¢¢¢¢!!!!!!!!!!!!!????????

......"".,,,,,,,-----""""""""""""""
•••••••••••••••••••,,,,,,,,,,,,,,,,,;;

AAAAAAAAAAAAAAAAAAAAAAAAAAAAAAB
BBBBBBBBBBBCCCCCCCCCCCCCCCCCDDDD
DDDDDDDDDDDDDDEEEEEEEEEEEEEEEEEEE
EEEEEEEEEEEEEEEEFFFFFFFFFFFFFFFFFFGG
GGGGGGGGGGGGHHHHHHHHHHHHHHHHIIIIIIIII
IIIIIIIIJJJJJJJJJJJJJKKKKKKKKKKKKKKLLLLLL
LLLLLLLLLLLLLmmmmmmmmmmmmmmmmmmn
nnnnnnnnnnnnnnnnnnnnOOOOOOOOOOOOOOO
OOOOOOOOOOPPPPPPPPPPPPPPQQQQQQQQRRRR
RRRRRRRRRRRRRRRRRRSSSSSSSSSSSSSSSS
SSSSTTTTTTTTTTTTTTTTTTTTTTTTTUUUUUUUUU
UUUUUUUUUVVVVVVVVVVVVVVVVUUUUUUUU
UUUUXXXXXXXXXXYYYYYYYYYYYYYYYYZZZ&&
&ZZZZZZ&&&&&&111111111111111222222222333
3333344444444455555555556666666667
777778888888889999999990000000000000$
$$$$$$$$$$¢¢¢¢¢¢¢%%%%%%%%% .. .. ,, ,, ,, ,, ,, ,, ,, ,, ,,
,, ... ======== ,, ,, ,, ,, ,, ,, "" "" "" "" "" "" !!!!!!!??????(())(())

AAAAAAAAAAAAAAAABBBB

BBCCCCCCCCCCCDDDDDD

DDEEEEEEEEEEEEEEEEE

EEEFFFFFFGGGGGGHHH

HHHHHHHHIIIIIIIIIIIIJJJJ

JJKKKKKKKKKLLLLLLLLM

MMMMMMMMMMMMNNNN

NNNNNNOOOOOOOOOOOO

OOPPPPPPPPQQQQRRRR

RRRRRRRSSSSSSSSSSSS

48 point Hotline

STTTTTTTTTTTTTUUUUU

UUUUVVVVVVVVVWWWWW

WWWXXXXXYYYYYYYYZZZZ

&&&&1111111112222222223

33333444444444555

5555666666666677777778

88888899999999900000

0000$$$$$$¢¢¢¢%%%%" " " " " " " "

" "

" " " ! ! ! ! ! ! ? ? ? ? ? ((((( ))))) = = = = = = = = =

AAAAAAAAAAAAAAAAABBBBBBBCCCC

CCCDDDDDDDDDEEEEEEEEEEEEEEEEE

EEEEFFFFFFGGGGGGGHHHHHHHHHIIII

IIIIIIIIIJJJJJJJKKKKKKKLLLLLLLLL

MMMMMMMMMMMMNNNNNNNNNNNO

OOOOOOOOOOOPPPPPPPQQQQRRRR

RRRRRSSSSSSSSSSSSTTTTTTTTT

TTTUUUUUUUUUUUUVVVVVVVWWWWW

WXXXXXYYYYYYYZZZZ&&&&&&&

111111122222222333333444444

555555666666677777788888889

999990000000000000$$$$$$$$¢¢¢¢¢¢¢

%%%% ===== !!!!!!!!!!!?????? (((()))))

" " " " " " " " " " " " " " " " " " ' " " " " " " " " " " " " " " " " " "

AAAAAAAAAAAAAAAAAAAAAAAABB
BBBBBBBBCCCCCCCCCCCCCCCDDDD
DDEEEEEEEEEEEEEEEEEEEEEE?
EFFFFFFFFGGGGGGGGGGHHHH
HHHHHIIIIIIIIIIIIIIIIIIJJJJJ
KKKKKKLLLLLLLLLLLLLMMM?
MMMMMMMMNNNNNNNNNNNN?
NNNNNNNOOOOOOOOOOOOOOO
OPPPPPPPPPQQQRRRRRRR
RRRRRRRRSSSSSSSSSSSSSSSS!
TTTTTTTTTTTTTTTTTTTTUUUU
UUUUUUVVVVVVVWWWWWWW!!
WXXXXYYYYYYYYYZZZZ&&&&
11111111112222222223333333334
44444445555555556666666667777
77777888888889999999900000
OOOOOOOO$$$$$¢¢¢¢%%%%(())(())

•••••••••••••••••••••;;;!!!!!!!!''''''~~~~~~''''''''

24 point Gallia   29

AAAAAAAAAAAAAAA

BBBBBCCCCCCCCCC?

DDDDDDDEEEEEEE

EEEEEEEFFFFFFFF

GGGGGGGHHHHHHHH

HIIIIIIIIIIIJJJJK

KKKLLLLLLLLLMM

MMMMNNNNNNNN

NNNNOOOOOOOO!

OOOPPPPPPPPQQR~

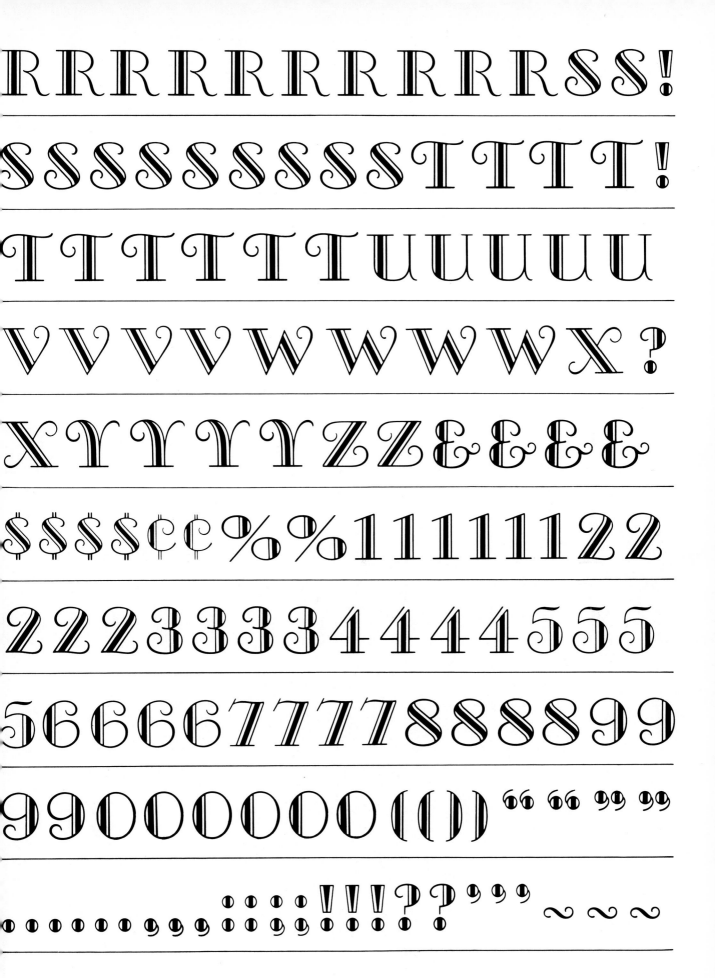

AAAAAAAAAAABBBBC

CCCCCCCCDDDDDDDEEEEEEE

EEEEEFFFFFFGGGGGHH!

HHHIIIIIIIIIIIIJJJKKK!

LLLLLLMMMMMMMNNN

NNNNNNOOOOOOOOO

PPPPPPQQRRRRRRRRSS

SSSSSSTTTTTTTTTUU

UUVVVVVWWWWWXXYY

YYZZ&&&111111222223

33344445555666677!

88889990000000$$$$¢

¢¢%%%% (((())) '''''''' '''''' ''''''??

°°°°°°°°°°°°°°°°° ~~~~~~~ !!!!!!!
°°°°°°°°°°°°°°°°°°°